Qu'est-ce que la Trinité ?

Questions cruciales

Qu'est-ce que la Trinité ?

R.C. SPROUL

La Rochelle

Édition originale en anglais sous le titre :
What Is the Trinity?
© 2011 par R. C. Sproul
Publié par Reformation Trust Publishing, une division de Ligonier Ministries
421 Ligonier Court, Sanford, FL 32771, U.S.A.
Ligonier.org   ReformationTrust.com
Tous droits réservés. Traduit et publié avec permission.

Pour l'édition française :
Qu'est-ce que la Trinité ?
© 2021 Publications Chrétiennes, Inc.
Publié par Éditions La Rochelle
509, rue des Érables, Trois-Rivières (Québec)
G8T 7Z7 – Canada
Site Web : www.editionslarochelle.org
Tous droits de traduction, de reproduction et d'adaptation réservés.

Publications Chrétiennes exprime toute sa gratitude à Ligonier Ministries
Canada (www.ligonier.ca) qui, par son soutien, a rendu possible la publication
de ce livre en français.

Traduction : Myriam Graffe
Adaptation de couverture et mise en page : Rachel Major

ISBN (broché) : 978-2-924895-24-5
ISBN (eBook) : 978-2-924895-25-2

Dépôt légal – 3e trimestre 2021
Bibliothèque et Archives nationales du Québec
Bibliothèque et Archives Canada

« Éditions La Rochelle » est une marque déposée de Publications
Chrétiennes, Inc.

À moins d'indications contraires, les citations bibliques sont tirées de la
Nouvelle Édition de Genève (Segond 1979) de la Société Biblique de Genève.
Avec permission.

Impression : Les Copies de la Capitale, Canada

Table des matières

Chapitre 1

Le monothéisme

Le concept de la Trinité a émergé comme une pierre angulaire de la vérité, un article non négociable de l'orthodoxie chrétienne. Il a cependant été une source de controverse tout au long de l'histoire de l'Église, et il demeure à ce jour une grande confusion à ce sujet et une grave incompréhension chez de nombreuses personnes.

Certains pensent en effet que la doctrine de la Trinité signifie que les chrétiens croient en trois dieux. De là ressort l'idée du trithéisme, que l'Église a catégoriquement rejetée tout au long de son histoire. D'autres considèrent la Trinité comme le signe que l'Église a battu en retraite vers la contradiction. Par exemple, j'ai eu un jour une conversation avec un homme qui avait un doctorat en philosophie, mais qui était opposé au christianisme sur la base que la doctrine de la Trinité représentait une contradiction manifeste – l'idée qu'un puisse également être trois – au cœur même de la foi chrétienne. Ce professeur ne semblait pas connaître la loi de la non-contradiction. En effet, cette loi stipule que « A ne peut être A et non-A en même temps et dans la même relation ». Quand nous confessons notre foi en la Trinité, nous affirmons que Dieu est un en essence et trois en personne. Cela revient à dire que Dieu est un en A et trois en B. Si nous disions que Dieu est un en essence et trois en essence, ce serait une contradiction. Si nous disons qu'il est un en personne et trois en personne, ce serait aussi une contradiction. Mais aussi mystérieuse que soit la Trinité, peut-être même bien au-delà de notre capacité à la comprendre dans sa plénitude, la formule historique n'est pas une contradiction.

Avant de commencer à aborder le sujet de la Trinité, nous devons parler d'unité, étant donné que le mot « Trinité » signifie « tri-unité ». Derrière le concept d'unité se trouve l'affirmation biblique du monothéisme. Le préfixe *mono* signifie « un ou unique », tandis que le mot racine *théisme* est en lien avec Dieu. Ainsi, le *monothéisme* véhicule l'idée qu'il n'y a qu'un seul Dieu.

L'évolution des religions

La question de savoir si la Bible est uniformément monothéiste a été mise en cause dans les domaines de la religion et de la philosophie au XIXe siècle. L'un des philosophes prépondérants de ce siècle était Friedrich Hegel. Il a développé une philosophie complexe et spéculative de l'histoire qui avait comme base un concept de développement ou d'évolution historiques. Au XIXe siècle, les penseurs étaient préoccupés par le concept d'évolution, mais pas simplement en regard de la biologie. Le mot « évolution » était presque devenu à la mode dans le monde universitaire et la communauté scientifique, et il était appliqué non seulement au développement des êtres vivants, mais aussi aux institutions politiques. À titre d'exemple, ce qu'on appelait le darwinisme social comprenait aussi bien l'histoire humaine que le progrès des civilisations.

Les disciples de Hegel appliquaient également ces idées évolutionnaires au développement de concepts religieux. Ils travaillaient à partir de l'hypothèse suivante : toutes les sphères de la création, y compris la religion, suivent le modèle d'évolution que nous voyons dans le domaine biologique, à savoir l'évolution du simple au complexe. En ce qui concerne la religion, cela signifiait que toutes les religions développées avaient évolué à partir de la forme simple de l'animisme. Ce terme dénote l'idée qu'il y a des âmes, des esprits ou des personnalités vivants dans ce que nous considérerions normalement comme des objets inanimés ou non vivants, tels que les roches, les arbres, les totems, les statues, etc.

L'idée que la religion primitive était animiste semblait être confirmée par les érudits qui ont examiné les cultures primitives ayant survécu jusqu'à aujourd'hui. Ces spécialistes, après être allés dans les coins reculés du monde pour étudier les religions de ces cultures, ont constaté qu'elles contenaient de forts éléments d'animisme. Ainsi a été acceptée l'hypothèse que toutes les religions commencent par l'animisme et évoluent progressivement.

Certains érudits croyaient que l'animisme pouvait être trouvé dans les premières pages de l'Ancien Testament. Ils ont souvent pris comme exemple le récit de la chute, car Adam et Ève ont été tentés par un serpent qui avait endossé des caractéristiques personnelles (Ge 3). Il pouvait raisonner, parler et agir avec volonté. Les critiques ont également fait référence à l'expérience de Balaam, dont l'âne avait eu la capacité de parler (No 22). Ils affirmaient que cela montrait que les auteurs bibliques croyaient qu'il y avait un esprit dans l'âne, tout comme il y avait un esprit dans le serpent. Durant mes années d'études au séminaire, j'ai entendu un professeur dire que l'animisme était pratiqué quand Abraham a rencontré les anges parmi les chênes de Mamré (Ge 18). Le professeur disait qu'Abraham conversait en fait avec les dieux présents dans les arbres. Cependant, il n'y a pas une once de preuve dans le texte en question qu'Abraham a été impliqué dans une quelconque forme d'animisme.

Ceux qui s'accrochent à une vision évolutive de la religion affirment que l'étape suivante du processus est le polythéisme : c'est-à-dire croire en plusieurs dieux. Le polythéisme était courant dans les cultures antiques. Les religions grecque, romaine et nordique, ainsi que plusieurs autres encore, avaient un dieu ou une déesse pour presque toutes les fonctions humaines : un dieu de la fertilité, un dieu de la sagesse, un dieu de la beauté, un dieu de la guerre, et ainsi de suite. Nous tous connaissons cela grâce à nos études sur les mythologies du monde antique.

Autrement dit, les gens croyaient qu'il existait divers dieux pour servir dans les différentes fonctions de la vie humaine.

Après le polythéisme, l'étape suivante du développement religieux s'appelle l'hénothéisme, qui est une sorte d'hybride entre le polythéisme et le monothéisme, ce qui revient à une étape transitoire en quelque sorte. L'hénothéisme est la croyance en un seul dieu (le préfixe *hen* vient d'un mot grec qui veut dire « un, » et qui diffère de *mono*), mais l'idée est qu'il y a un dieu pour chaque peuple ou nation, et chacun règne sur une zone géographique particulière. Par exemple, l'hénothéisme soutiendrait qu'il y avait un dieu pour les Juifs (Yahweh), un dieu pour les Philistins (Dagon), un dieu pour les Cananéens (Baal), etc. Toutefois, ce point de vue ne suggère pas qu'il n'y avait en fin de compte qu'un seul dieu.

Les peuples hénothéistes reconnaissaient que d'autres nations avaient leurs propres dieux, et ils considéraient souvent les batailles entre nations comme des batailles entre les dieux de ces peuples. Certains érudits trouvent cette idée dans l'Ancien Testament, car les nombreux conflits qui y sont relatés sont présentés comme des batailles du Dieu d'Israël contre Dagon, Baal et d'autres dieux païens. Cela ne signifie pas pour autant qu'Israël était hénothéiste.

La Bible est monothéiste dès le départ

En supposant ce cadre évolutif, les critiques du XIXe siècle ont contesté l'idée que la Bible est invariablement monothéiste. Il y a eu un débat persistant sur la datation du début du monothéisme en Israël. Le plus conservateur de ces critiques a affirmé qu'il y avait des indices de monothéisme à l'époque d'Abraham. D'autres ont dit que le monothéisme n'avait commencé qu'à l'époque de Moïse. Certains ont même rejeté l'idée que Moïse était monothéiste, affirmant que le monothéisme n'a commencé qu'à l'époque des prophètes tels qu'Ésaïe, c'est-à-dire vers le VIIIe siècle av. J.-C. Quelques-uns se montraient encore plus sceptiques, faisant valoir que le monothéisme n'a commencé qu'après l'exil israélite à Babylone, ce qui en ferait un développement assez récent dans la religion juive. Ainsi, l'érudition orthodoxe a dû se battre pendant les cent dernières années et plus pour défendre l'idée de l'unité de Dieu dans les Écritures.

Les arguments orthodoxes soutiennent que le monothéisme était présent dès le début de l'histoire biblique. Nous lisons au tout premier verset de la Bible : «Au commencement, Dieu créa les cieux et la terre.» Le récit de la création affirme que le Dieu qui est présenté à la première page du Pentateuque a pour domaine toute la création et pas uniquement les limites géographiques de l'Israël de l'Ancien Testament. Dieu est souverain sur les cieux et la terre, les ayant créés par la parole de son commandement.

Les critiques notent souvent que dans les premiers chapitres des Écritures, il y a une hésitation entre deux appellations de Dieu. On fait référence à Dieu d'une part sous le nom de Jéhovah ou Yahweh, et d'autre part sous le nom d'Élohim. Ce nom, Élohim, est frappant parce que le suffixe *him* est la terminaison plurielle du nom hébreu, de sorte que l'on pourrait traduire le nom Élohim par «dieux». Cependant, même si le nom Élohim a une terminaison plurielle, il apparaît toujours avec des verbes au singulier. De cette manière, ce que voulait dire l'auteur ne pouvait pas être interprété comme signifiant «de nombreux dieux». De plus, comme je l'ai fait remarquer plus tôt, Dieu nous est révélé dans les premiers chapitres de Genèse comme celui qui est souverain sur toutes choses. Donc, je pense que ceux qui soutiennent que le nom Élohim fait allusion au polythéisme arrivent trop rapidement à une conclusion incorrecte.

Plus loin, au récit du don des tables de la loi dans Exode 20, nous voyons que le premier commandement que Dieu a donné sur le mont Sinaï était fortement monothéiste. Dieu dit en effet dans ce passage : «Tu n'auras pas d'autres dieux devant ma face» (v. 3). Certains avanceraient que ce verset témoigne de l'hénothéisme, parce que Dieu sous-entend l'existence d'autres dieux, et le commandement déclare que le peuple ne doit en aucun cas laisser ces autres dieux passer avant lui et qu'il doit être la divinité principale dans leur vie. Toutefois, les termes hébreux indiquent que quand Dieu dit «devant ma face», il veut dire «en ma présence». Or sa présence, bien sûr, est omni-présente ; Dieu est omniprésent. Ainsi, quand Dieu dit : «Tu n'auras pas d'autres dieux devant ma face», il dit en fait que si une personne adore autre chose que lui, qu'elle vive en Israël, en Canaan, en Philistie ou n'importe où ailleurs, elle se livre à un acte d'idolâtrie étant donné qu'il n'y a qu'un seul Dieu. Le deuxième commandement renforce le premier avec son inter-diction totale de toute forme d'idolâtrie.

En avançant un peu plus dans le Pentateuque, nous trouvons une déclaration de monothéisme saisissante. Elle apparaît dans le *Shema*, confession de foi de l'Israël antique en un seul Dieu : «Écoute Israël! L'Éternel, notre Dieu, est le seul Éternel» (De 6.4).

Dans les livres prophétiques, nous voyons une diatribe presque constante contre les faux dieux des autres religions. Ces dieux sont considérés non pas comme des déités concurrentes, mais comme des idoles inutiles. En fait, les prophètes se moquent typiquement des gens qui adorent les arbres, les statues et les autres choses fabriquées de leurs propres mains, comme si un bloc de bois pouvait être habité par un être intelligent. Ils n'ont de cesse de ridiculiser l'idée de l'animisme et du polythéisme.

Ces déclarations de monothéisme sont une surprenante dimension de la foi de l'Ancien Testament en raison de la rareté de ces affirmations dans le monde antique. La plupart des cultures de l'Antiquité desquelles nous avons aujourd'hui des documents historiques n'étaient pas monothéistes. D'aucuns ont soutenu que les Égyptiens ont été les premiers monothéistes en raison de leur adoration de Ra, le dieu soleil, mais il y a une unicité dans le monothéisme qui provient de la foi de l'Ancien Testament. L'idée d'un Dieu unique a été fermement établie dans la religion israélite dès les premières pages de l'Ancien Testament.

Si Dieu est un, comment peut-il être trois ?

C'est précisément à cause de cet enseignement limpide sur le monothéisme que la doctrine de la Trinité est si problématique.

Quand nous arrivons au Nouveau Testament, nous trouvons l'Église affirmant la notion de monothéisme, mais déclarant aussi que Dieu le Père est divin, Dieu le Fils est divin, et Dieu le Saint-Esprit est divin. Nous devons bien comprendre que ces distinctions en Dieu ne font pas référence à son essence ; elles ne font nullement référence à une fragmentation ou une compartimentation de l'être même de Dieu.

Comment alors pouvons-nous maintenir la doctrine du monothéisme de l'Ancien Testament à la lumière de cette affirmation du caractère trine du Dieu biblique dans le Nouveau Testament ? Augustin d'Hippone a écrit un jour : « Le Nouveau [*Testament*] est comme caché dans l'Ancien et l'Ancien [*Testament*] est dévoilé dans le Nouveau. » Pour comprendre comment la doctrine de la Trinité est devenue un article si important de la foi chrétienne, nous devons considérer que la compréhension de l'Église de la nature de Dieu basée sur les Écritures était en plein développement. Quand nous regardons les Écritures, nous voyons ce que nous appelons en théologie une « révélation progressive ». C'est cette idée qu'avec le temps, Dieu dévoile de plus en plus son plan de rédemption. Petit à petit, il nous le divulgue par le biais de révélations. Le fait que ces révélations soient progressives ne signifie pas que ce que Dieu révèle dans l'Ancien Testament est contredit ensuite dans le Nouveau Testament.

La révélation progressive n'est pas une correction où un récent dévoilement de Dieu vient rectifier une révélation précédente erronée. Au contraire, chaque nouvelle révélation vient s'ériger sur ce qui a été divulgué dans le passé, élargissant ce que Dieu a déjà fait connaître.

C'est pour cela que nous ne voyons pas d'enseignement manifeste de la nature trinitaire de Dieu dès les premières pages de la Bible. Des indices sont révélés très tôt dans l'Ancien Testament, mais nous n'obtenons pas d'informations complètes sur le caractère trine de Dieu dans cette première partie des Écritures. Elles ne viennent que plus tard, dans le Nouveau Testament. Nous devons donc suivre le développement de cette doctrine tout au long de l'histoire rédemptrice pour voir ce que la Bible révèle réellement sur ces choses.

Chapitre 2

Le fondement biblique

L'une des questions clés que les anciens philosophes grecs ont essayé de résoudre était le problème de « l'un et du multiple ». Une grande partie de la philosophie grecque ancienne a été consacrée à cette difficulté. Les philosophes se demandaient en effet comment donner un sens à tant de choses aussi diverses qui font partie de notre expérience. Vivons-nous dans un univers fondamentalement cohérent ou fondamentalement chaotique ? La science, par exemple, suppose que pour que nous ayons des connaissances, il faut qu'il y ait une cohérence, une sorte d'ordre dans les choses. Ainsi, notre entreprise d'investigation scientifique présuppose ce que Carl Sagan appelait le « cosmos », et non le chaos. Cela veut dire qu'il doit y avoir quelque chose qui donne une unité à toute la diversité que nous expérimentons dans l'univers. En fait, le terme « univers » combine à lui seul les concepts d'unité et de diversité : il décrit un lieu de grande diversité qui a néanmoins une unité.

Les philosophes grecs ont cherché à trouver la source à la fois de l'unité et de la diversité d'une manière cohérente. Selon moi, ils n'ont jamais réussi. Dans la foi chrétienne, cependant, toute diversité trouve son unité ultime en Dieu lui-même, et il est important que dans la personne même de Dieu, nous trouvions à la fois l'unité et la diversité. En fait, en lui nous trouvons la raison ultime de l'unité et de la diversité. En lui, nous trouvons une entité en trois personnes.

Contrairement aux Grecs, nous avons une source d'autorité en ce qui concerne nos convictions en ce domaine : les Écritures. Dans ce chapitre, j'aimerais donner un petit aperçu de l'enseignement biblique au sujet de la Trinité, en commençant par l'Ancien Testament et, suivant le schéma de la révélation progressive, en terminant par le Nouveau Testament.

Quelques indices dans l'Ancien Testament

Même si nous ne pouvons trouver une définition explicite de la Trinité dans l'Ancien Testament, nous y trouvons quelques indices épars de la nature trine de Dieu. Nous avons abordé l'un de ces indices dans le premier chapitre, c'est-à-dire le nom de Dieu qui apparaît sous la forme plurielle, Élohim. Les critiques voient l'utilisation de ce nom comme l'indication d'une forme grossière de polythéisme. D'autres, cependant, ont vu dans ce nom pluriel, surtout parce qu'il est accompagné d'un verbe singulier, une référence cryptique au caractère pluriel de Dieu.

Je ne pense pas que le nom Élohim indique nécessairement la Trinité. Il pourrait simplement s'agir d'une forme littéraire semblable à ce que nous appelons le « nous » rédactionnel qu'un écrivain ou un orateur utilise pour communiquer un argument. Ce pronom est souvent employé par les dignitaires : un roi, un pape ou toute autre personne exerçant une fonction élevée introduit ce qu'il va dire par un « nous décrétons » ou « nous déclarons, » même si la personne ne parle que pour elle-même. Plus précisément, il existe une technique littéraire hébraïque appelée le pluriel d'intensité, qui attire l'attention sur la profondeur du caractère de Dieu dans lequel résident tous les éléments de la déité et de la majesté. Je crois donc que le nom Élohim est compatible avec la doctrine de la Trinité et peut pointer dans cette direction, mais le nom lui-même n'exige pas que nous en déduisions que Dieu est trinitaire dans sa nature.

Il y a d'autres indices majeurs de la Trinité dans l'Ancien Testament. C'est également dans le récit de la création que nous rencontrons pour la première fois l'Esprit de Dieu (Ge 1.2). En faisant sortir quelque chose de rien, l'Esprit répond à l'un des critères de déité énoncés dans le Nouveau Testament. C'est une autre indication du caractère multipersonnel de Dieu très tôt dans les Écritures.

Nous trouvons encore un autre indice dans le passage de l'Ancien Testament qui est plus souvent cité dans le Nouveau

Testament que tout autre passage : le Psaume 110. Ce psaume commence de façon assez étrange. Le psalmiste dit : « Parole de l'Éternel à mon Seigneur : Assieds-toi à ma droite, jusqu'à ce que je fasse de tes ennemis ton marchepied » (v. 1). Généralement, quand nous voyons le nom personnel de Dieu, Yahweh, dans l'Ancien Testament, nous voyons aussi son titre principal ou suprême, Adonaï, qui lui est associé. Par exemple, dans le Psaume 8, il est dit : « Éternel, notre Seigneur ! » (v. 1*a*.) En hébreu, « Éternel, notre Seigneur ! » se lit comme suit : « Ô Yahweh, notre Adonaï ! » Il y a un lien évident entre Yahweh et Adonaï. Dans le Psaume 110, cependant, Dieu a une conversation avec le Seigneur de David : « Parole de l'Éternel à mon Seigneur : Assieds-toi à ma droite... » Le Nouveau Testament reprend ces paroles et parle de Jésus comme étant simultanément le fils de David *et* le Fils de Dieu. Ce psaume donne également un autre indice des multiples dimensions de l'entité de Dieu quand il déclare que le Fils de Dieu sera sacrificateur pour toujours, à la manière de Melchisédek (v. 4).

Le monothéisme est présupposé dans le Nouveau Testament

Quand nous arrivons au Nouveau Testament, nous constatons que les concepts de monothéisme qui sont fermement établis dans l'Ancien Testament sont non seulement présupposés, mais ils sont répétés encore et encore. Permettez-moi de vous citer quelques exemples.

Le passage d'Actes 17 rapporte le discours adressé par Paul aux philosophes de l'Aréopage dans l'ancienne ville grecque d'Athènes. Nous lisons ceci : « Paul, debout au milieu de l'Aréopage, dit : Hommes Athéniens, je vous trouve à tous égards extrêmement religieux. Car, en parcourant votre ville et en considérant les objets de votre dévotion, j'ai même découvert un autel avec cette inscription : À un dieu inconnu ! » (v. 22,23*a*.) Quand Paul est allé à Athènes, il a remarqué que la ville était consacrée à l'idolâtrie. Étant passé devant de nombreux temples, il n'a pu que constater une activité religieuse en tous lieux. Et il a même vu, comme si les Grecs avaient peur de laisser une déité de côté, cet autel sur lequel était inscrit : « À un dieu inconnu ! » En voyant cela, son esprit s'est irrité au-dedans de lui (v. 16) ; autrement dit, il était troublé par l'abondance de fausse religion.

L'une des choses les plus frappantes dont j'ai été témoin au cours de mes études supérieures dans les années 1960 a été la preuve qui émergeait des travaux des anthropologues théologiques et des sociologues qui examinaient les points de vue religieux de diverses tribus primitives dans le monde. En effet, ils constataient que si l'animisme était extérieurement répandu dans ces cultures, les gens parlaient souvent d'un dieu de l'autre côté de la montagne ou d'un dieu qui leur était éloigné. En d'autres termes, ils avaient un concept d'un grand dieu qui n'était pas au centre de leurs pratiques religieuses quotidiennes. Ce dieu était comme le dieu inconnu des Grecs, un dieu avec lequel ils n'étaient pas en contact, mais qui était néanmoins là.

Ce concept est conforme à la déclaration de Paul dans Romains 1 qui affirme que le Dieu de tout l'univers s'est manifesté à tous (v. 18-20). Cela signifie que chaque être humain connaît l'existence du Dieu Très-Haut, mais le caractère pécheur de l'humanité est tel que nous réprimons et enterrons tous cette connaissance, et choisissons plutôt des idoles. C'est pour cela que nous sommes tous reconnus coupables devant Dieu.

Paul a donc repris ce qui était écrit sur l'autel grec et a ajouté :

Ce que vous révérez sans le connaître, c'est ce que je vous annonce. Le Dieu qui a fait le monde et tout ce qui s'y trouve, étant le Seigneur du ciel et de la terre, n'habite point dans des temples faits de main d'homme ; il n'est point servi par des mains humaines, comme s'il avait besoin de quoi que ce soit, lui qui donne à tous la vie, la respiration, et toutes choses. Il a fait que tous les hommes, sortis d'un seul sang, habitent sur toute la surface de la terre, ayant déterminé la durée des temps et les bornes de leur demeure ; il a voulu qu'ils cherchent le Seigneur, et qu'ils s'efforcent de le trouver en tâtonnant, bien qu'il ne soit pas loin de chacun de nous, car en lui nous avons la vie, le mouvement, et l'être. C'est ce qu'ont dit aussi quelques-uns de vos poètes : De lui nous sommes la race... Ainsi donc, étant la race de Dieu, nous ne devons pas croire que la divinité soit semblable à de l'or, à de l'argent, ou à de la pierre, sculptés par l'art et l'industrie de l'homme. Dieu, sans tenir compte des temps d'ignorance, annonce maintenant à tous les hommes, en tous lieux, qu'ils ont à se repentir, parce qu'il a fixé un jour où il jugera le monde selon la justice, par l'homme qu'il a désigné, ce dont il a donné à tous une preuve certaine en le ressuscitant des morts... (v. 23*b*-31.)

Ici, Paul affirme les dogmes de base du monothéisme juif classique : un Dieu qui a créé toutes choses et de qui dérive chaque chose.

Les indications de la tri-unité de Dieu

Dans 1 Corinthiens 8, Paul affirme à nouveau l'unité de Dieu tout en apportant un nouvel élément. Au cœur de la controverse sur la question de manger ou non des aliments ayant été offerts aux idoles, un problème pastoral qui avait émergé dans l'Église de Corinthe, Paul affirme ceci :

Pour ce qui concerne les viandes sacrifiées aux idoles, nous savons que nous avons tous la connaissance. La connaissance enfle, mais l'amour édifie. Si quelqu'un croit savoir quelque chose, il n'a pas encore connu comme il faut connaître. Mais si quelqu'un aime Dieu, celui-là est connu de lui. Pour ce qui est donc de manger des viandes sacrifiées aux idoles, nous savons qu'il n'y a point d'idole dans le monde, et qu'il n'y a qu'un seul Dieu.

Car s'il est des êtres qui sont appelés dieux, soit dans le ciel, soit sur la terre, comme il existe réellement plusieurs dieux et plusieurs seigneurs, néanmoins, pour nous, il n'y a qu'un seul Dieu, le Père, de qui viennent toutes choses et pour qui nous sommes, et un seul Seigneur, Jésus-Christ, par qui sont toutes choses et par qui nous sommes (v. 1-6).

Le nouvel élément ici est que Paul attribue la déité à Christ. Il fait la distinction entre le Père et le Fils, et il affirme que toutes choses viennent « du » Père et « par » Christ, et que nous existons « pour » le Père et « à travers » le Fils. Paul considère de toute évidence que le Père et le Fils sont égaux au regard de leur divinité.

Il y a de nombreux passages dans le Nouveau Testament qui attribuent la déité à Christ et au Saint-Esprit, bien plus que je ne pourrais en citer dans ce chapitre ou même dans ce livret. Permettez-moi néanmoins de faire référence à quelques-uns de ces passages pour souligner que cet enseignement est présent dans le Nouveau Testament et qu'il n'est pas obscur.

Dans l'Évangile selon Jean, Jésus commence un certain nombre de déclarations par l'affirmation « je suis » : « Je suis le pain de vie » (Jn 6.48), « Je suis la porte » (Jn 10.7), « Je suis le chemin, la vérité et la vie » (Jn 14.6), et bien d'autres encore. Dans chacune de ces déclarations, les termes du Nouveau Testament grec pour « je suis » sont *ego eimi*. Ces mots grecs s'avèrent également les mots avec lesquels le nom essentiel de Dieu, Yahweh, est traduit de l'hébreu. En utilisant cette construction pour lui-même, Jésus se fait l'égal de Dieu.

Dans Jean 8, se trouve une autre déclaration « je suis ». Abraham était le grand patriarche d'Israël, le père des fidèles, qui était profondément vénéré par la communauté juive au temps de Jésus. Dans ce passage, Jésus a dit aux dirigeants juifs qu'Abraham s'était réjoui de voir son jour (v. 56). Quand ces dirigeants lui ont demandé comment il aurait pu voir Abraham, il leur a répondu : « Avant qu'Abraham fût, je suis ». Il n'a pas dit : « Avant qu'Abraham fût, je fus. » Non, il a répondu : « Je suis. » Ce faisant, il a prétendu à l'éternité et la déité. Ce que plusieurs de nos contemporains ne comprennent pas, ceux de Jésus au 1er siècle l'avaient très vite compris. Ils étaient remplis de fureur contre Jésus parce que lui, un simple homme à leurs yeux, se disait égal à Dieu.

L'Évangile selon Jean rapporte aussi le récit intriguant de l'apparition post-résurrection de Jésus. Certains de ses disciples disaient l'avoir vu alors que Thomas était absent. Quand Thomas en a entendu parler, il a dit : « Si je ne vois dans ses mains la marque des clous, et je ne mets mon doigt dans la marque des clous, et si je ne mets ma main dans son côté, je ne croirai point » (Jn 20.25*b*). Au milieu de ce scepticisme, Jésus lui est apparu et lui a montré ses mains et son côté (v. 27). Jean ne dit pas si Thomas a effectivement touché les blessures de Jésus, mais il dit que Thomas est tombé à genoux et s'est écrié : « Mon Seigneur et mon Dieu ! » (v. 28.) Sa déclaration est très importante. Dans le livre des Actes, il nous est dit qu'un jour, une foule de gens a été si abasourdie par une guérison miraculeuse qu'ils ont voulu adorer Paul et Barnabas, mais ceux-ci les ont immédiatement réprimandés (Ac 14.11-15). Ailleurs dans les Écritures, quand les gens voient la manifestation d'anges et commencent à les adorer, les anges les en empêchent, disant qu'ils ne doivent pas être adorés, car ils ne sont que de simples créatures. Jésus, par contre, a accepté l'adoration de Thomas sans le réprimander. Il a validé sa confession.

La Trinité clairement affirmée

La référence la plus claire à la déité de Jésus dans le Nouveau Testament nous est donnée dans l'introduction de l'Évangile selon Jean. Nous y lisons : «Au commencement était la Parole [*c'est-à-dire le* Logos], et la Parole était avec Dieu, et la Parole était Dieu» (Jn 1.1). Dans cette première phrase, nous voyons le mystère de la Trinité, car le *Logos* semble avoir été avec Dieu depuis le commencement. Il existe différents termes dans la langue grecque qui peuvent être traduits par le mot français *avec*, mais le mot qui est employé ici parle de la relation la plus proche possible, presque une relation face-à-face. Néanmoins, Jean fait une distinction entre le *Logos* et Dieu. Ils sont ensemble, mais ils ne sont pas les mêmes.

Jean déclare ensuite que le *Logos* n'était pas seulement *avec* Dieu, il *était* Dieu. Donc en un sens, la Parole doit être distinguée de Dieu, et dans un autre sens, elle doit être identifiée à Dieu.

Et l'apôtre ne s'arrête pas là. Il ajoute ceci : « Elle était au commencement avec Dieu. Toutes choses ont été faites par elle, et rien de ce qui a été fait n'a été fait sans elle. En elle était la vie, et la vie était la lumière des hommes » (Jn 1.2-4). Nous voyons ici l'éternité, la puissance créatrice et l'auto-existence attribuées au *Logos*, qui est Jésus.

Le Nouveau Testament affirme également que le Saint-Esprit est divin. Nous voyons cela par exemple dans la formule trine de Jésus pour le baptême. Suivant le commandement de Jésus, les gens doivent être baptisés au nom du Père, du Fils et du Saint-Esprit (Mt 28.19). De même, la bénédiction finale de Paul dans sa deuxième lettre aux Corinthiens dit ceci : « Que la grâce du Seigneur Jésus-Christ, l'amour de Dieu, et la communion du Saint-Esprit, soient avec vous tous ! » (2 Co 13.13.) Les apôtres parlent aussi du Père, du Fils et de l'Esprit coopérant pour se racheter un peuple pour eux-mêmes (2 Th 2.13,14 ; 1 Pi 1.2).

Dans ces passages et bien d'autres encore du Nouveau Testament, la déité du Père, du Fils et du Saint-Esprit est énoncée explicitement ou implicitement. Ajoutée à l'enseignement clair de la Bible quant à l'unité de Dieu, la seule conclusion possible est qu'il y a un Dieu en trois personnes, c'est-à-dire la doctrine de la Trinité.

Chapitre 3

Les controverses dans l'Église primitive

Lorsque je faisais mon doctorat aux Pays-Bas, le professeur G. C. Berkouwer a donné une série de conférences d'une année sur l'histoire de l'hérésie. C'était un cours extrêmement utile, car l'une des meilleures façons d'apprendre l'orthodoxie est d'apprendre ce qui est faux. En fait, l'hérésie a historiquement forcé l'Église à être précise, à définir ses doctrines et à différencier la vérité du mensonge. Les premières années de l'Église ont produit de nombreuses hérésies en ce qui concerne les personnes de la divinité, et ces erreurs ont poussé l'Église à affiner sa compréhension de la Trinité.

Presque toutes les communautés chrétiennes du monde affirment aujourd'hui les assertions des conciles soi-disant œcuméniques de l'histoire de l'Église, dont les deux principaux étaient le concile de Nicée au IVe siècle et le concile de Chalcédoine au Ve siècle. Il est intéressant de se familiariser avec les controverses qui ont provoqué ces conciles, car ils étaient intimement préoccupés par la nature des personnes divines. La question primordiale portait sur la manière dont le concept biblique du monothéisme pourrait être concilié avec les affirmations bibliques de la déité de Christ plus particulièrement, mais aussi du Saint-Esprit.

Dans le chapitre précédent, nous avons examiné le prologue de l'Évangile selon Jean, où l'apôtre parle de la Parole (le *Logos*), qui était au commencement, qui était avec Dieu et qui était Dieu lui-même. Le concept du *Logos* était un sujet qui a fortement préoccupé l'Église chrétienne dans les trois premiers siècles. Un certain nombre de responsables d'Églises se concentraient sur le *Logos* en tant que deuxième personne divine. Ces intellectuels s'orientaient clairement vers la doctrine de la Trinité. D'autres, cependant, défendaient avec zèle l'idée de l'unicité de Dieu. Tout cela a conduit au développement de plusieurs propositions théologiques qui ont plus tard été jugées hérétiques. Ces erreurs ont obligé l'Église à définir sa compréhension de la Trinité de manière officielle.

Modalisme et adoptianisme

L'un de ces premiers mouvements hérétiques ayant émergé aux IIIe et IVe siècles était le monarchianisme. Peu de gens connaissent ce terme théologique, mais le mot racine est assez connu : *monarque*. Quand nous pensons à un monarque, nous imaginons un dirigeant d'une nation, un roi ou une reine. Si nous scindons en deux ce mot, nous constatons qu'il est composé du préfixe *mono*, qui signifie « un », associé au terme *arque* qui vient du grec *arche*. Ce mot pourrait signifier « commencement » ; il apparaît par exemple dans le prologue de l'Évangile selon Jean, quand celui-ci écrit : « Au commencement était la Parole. » Mais il peut aussi vouloir dire « chef » ou « dirigeant ». Donc, un monarque était un seul dirigeant, et une monarchie, un régime dirigé par une personne. Le monarchianisme, quant à lui, a été la tentative de préserver l'unité de Dieu, ou le monothéisme.

La première grande hérésie à laquelle a été confrontée l'Église concernant le monarchianisme a été appelée le « monarchianisme modaliste » ou tout simplement le « modalisme ». L'idée derrière cette appellation était que les trois personnes de la Trinité sont la même personne, mais qu'elles se comportent selon des « modes » uniques à différents moments. Les modalistes soutenaient que Dieu avait été initialement le créateur, puis était devenu le rédempteur, et enfin l'Esprit Saint lors de la Pentecôte. La personne divine qui était venue sur terre en tant que Jésus incarné était la même que celle qui avait créé toutes choses. Une fois retourné au ciel, il avait repris son rôle de Père, et puis était revenu à nouveau sur terre sous la forme du Saint-Esprit. Comme vous pouvez le constater par vous-même, l'idée avancée ici était qu'il y avait un seul

Dieu, mais agissant à l'occasion selon différents modes ou différentes expressions.

Le principal partisan du modalisme était un homme du nom de Sabellius. D'après un écrivain antique, Sabellius avait illustré le modalisme en comparant Dieu au soleil. Il avait remarqué que le soleil avait trois modes : sa forme dans le ciel, sa lumière et sa chaleur. Par analogie, avait-il dit, Dieu a différents modes : la forme correspond au Père, la lumière est le Fils et la chaleur est le Saint-Esprit.

La deuxième forme de monarchianisme ayant émergé était appelée « monarchianisme dynamique » ou « adoptianisme ». Cette école de pensée était également engagée à préserver le monothéisme, mais ses adhérents voulaient donner l'honneur et une importance centrale à la personne de Christ. Ceux qui propageaient ce point de vue soutenaient qu'au moment de la création, la première chose créée par Dieu avait été le *Logos*, après quoi le *Logos* avait créé tout le reste. Le *Logos* serait ainsi plus élevé que les êtres humains et même les anges. Il serait le créateur et précèderait toutes choses, excepté Dieu. Cependant, il ne serait pas éternel, ayant lui-même été créé par Dieu, et il ne pourrait donc pas être l'égal de Dieu.

Au temps voulu, selon l'adoptianisme, le *Logos* se serait incarné en la personne de Jésus. Dans sa nature humaine, le *Logos* était un avec le Père en ce qui concernait la mission à effectuer et la poursuite des mêmes objectifs. Du fait de son obéissance au Père, le Père l'aurait « adopté ». Ainsi, il est approprié d'appeler le *Logos* le Fils de Dieu. Cependant, il serait devenu le Fils de Dieu de façon dynamique, c'est-à-dire qu'il y aurait eu un changement. Il n'avait pas toujours été le Fils de Dieu, mais il aurait gagné sa filiation par son obéissance.

Ceux qui défendaient ce point de vue s'attachaient à des déclarations bibliques telles que « Le Fils est l'image du Dieu invisible, le premier-né de toute la création » (Col 1.15). Ils faisaient également valoir que les descriptions du Nouveau Testament sur Christ, telles que « engendré », impliquaient qu'il avait eu un commencement dans le temps, et que tout ce qui a un commencement dans le temps est moins élevé que Dieu, parce que Dieu n'a pas de commencement. En bref, ils croyaient que le *Logos* est comme Dieu, mais qu'il n'est pas Dieu.

Ces points de vue ont donné lieu au premier des conciles œcuméniques, le concile de Nicée, qui s'est réuni en 325 apr. J.-C. Ce concile a donné naissance au symbole de Nicée qui affirme que Christ est « le Fils unique de Dieu, né du Père avant tous les siècles », et qu'il a été « engendré, non pas créé ». Plus loin, il déclare qu'il est « Dieu, né de Dieu, lumière, née de la lumière, vrai Dieu, né du vrai Dieu... de même nature que le Père ». Avec ces affirmations, l'Église déclarait que les termes scripturaires tels que *premier-né* et *engendré* ont un rapport avec la place d'honneur du Christ et non avec son origine biologique. L'Église a donc affirmé que Christ est de la même substance, entité et essence que le Père. Ainsi, l'idée a été avancée que Dieu, bien que trois en personne, est un en essence.

Monophysisme et nestorianisme

Le concile de Nicée a représenté un moment décisif pour l'Église. Il a en majeure partie mis fin au monarchianisme, mais deux nouveaux concepts erronés concernant la nature de Christ se sont rapidement développés.

Le premier a été enseigné par un homme du nom d'Eutychès. Il a été le premier à exposer l'hérésie monophysite, qui semble réapparaître dans chaque génération. Le terme *monophysite* est composé du préfixe désormais bien connu *mono* qui signifie « un », et de *physite* qui vient du grec *phusis* et signifie « nature ». Donc le mot *monophysite* signifie littéralement « une nature ».

Tout au long de son histoire, l'Église a affirmé que Dieu est un en essence, entité ou nature, et trois en personne. En ce qui concerne la personne de Christ, elle a déclaré le contraire, affirmant qu'il est une personne avec deux natures : une humaine et une divine. Mais Eutychès niait cette vérité. L'hérésie monophysite enseignait que Jésus avait une seule nature. Eutychès considérait Jésus comme ayant une nature « théanthropique ». Le mot théanthropique est formé du grec *anthropos* qui signifie « homme ou humanité, » et du préfixe *thea* qui signifie « Dieu ». Donc, *théanthropique* est en quelque sorte une combinaison des termes grecs pour Dieu et pour homme. Eutychès affirmait qu'en Christ, il n'y a qu'une seule nature : une nature divinement humaine ou, pour l'exprimer dans l'autre sens, une nature humainement divine. Mais le point de vue d'Eutychès niait manifestement que Christ a deux natures, l'une humaine et l'autre divine. En fait, l'hérésie monophysite ne considérait Christ ni comme Dieu ni comme un homme, mais comme quelque chose qui serait plus que l'homme, mais moins que Dieu. Il représenterait une sorte d'humanité déifiée ou de déité humanisée. Ainsi, la distinction entre l'humanité et la déité s'est retrouvée obscurcie dans cette pensée.

Or, l'Église n'avait pas à lutter uniquement contre Eutychès et son hérésie monophysite ; elle devait aussi résister à l'hérésie jumelle du nestorianisme, dont le nom provenait de son fondateur, Nestorius. Celui-ci affirmait principalement qu'une personne ne peut avoir deux natures ; s'il y a deux natures, il doit y avoir deux personnes. Par conséquent, comme Christ avait à la fois une nature divine et une nature humaine, il affirmait la coexistence d'une personne divine et d'une personne humaine. Il clamait le contraire de la distorsion monophysite. Dans l'hérésie nestorienne, les deux natures de Christ n'étaient pas simplement distinguées, elles étaient totalement séparées.

C'est la prérogative du théologien de faire de fines distinctions ; c'est le propre de la théologie. C'est pour cela que je dis souvent à mes étudiants : « L'une des plus importantes distinctions que vous apprendrez à faire est celle qui existe entre une distinction et une séparation. » Nous disons qu'un être humain est une dualité : il a une dimension physique et une dimension non physique, que la Bible décrit en termes de corps et d'âme. Si je distingue le corps d'une personne de son âme, je ne lui fais aucun mal. Par contre, si je sépare son corps de son âme, non seulement je lui fais du mal, mais je la tue. En ne saisissant pas la différence entre la distinction et la séparation, Nestorius avait fondamentalement détruit le Christ biblique.

Cette vérité est utile pour plusieurs points dans l'interprétation biblique. Par exemple, Jésus disait parfois qu'il y avait des choses dont il n'avait pas connaissance. Les théologiens interprètent ces déclarations comme la preuve que la nature humaine de Jésus n'est pas omnisciente. Bien entendu, sa nature divine est omnisciente, donc quand Jésus affirmait ne pas être au courant de certaines choses, il manifestait les limites de sa nature humaine. Dans le même ordre d'idées, il est clair que Jésus a transpiré et eu faim, et que son côté a été percé. En revanche, nous ne croyons pas que sa nature divine a transpiré et eu faim, ou que son côté a été percé, puisque la nature divine du Seigneur n'a pas de corps. Toutes ces choses n'étaient que des manifestations de son humanité. Jésus avait deux natures, l'une divine et l'autre humaine, et il révèle parfois son côté humain, et à d'autres moments, son côté divin. Nous pouvons distinguer les deux sans les séparer. Cependant, quand la nature humaine transpire, elle est toujours unie à la nature divine qui, elle, ne transpire pas.

Dans l'histoire de l'Église, certains ont soutenu qu'il existe une « communication » des attributs divins à la nature humaine. Cela, ont-ils affirmé, a permis au corps humain de Christ d'être à plusieurs endroits en même temps. La localité spatiale a toujours été comprise comme l'une des limites de l'humanité ; une nature humaine ne peut être à trois endroits en même temps. Toutefois, une nature humaine peut être jointe à une nature divine qui, elle, *peut* être à trois endroits en même temps. La nature divine peut en effet être à Pittsburgh, Boston et Washington en même temps. Mais historiquement, le débat portait sur la question de savoir si le corps physique de Jésus, qui appartient à son humanité, pouvait être à trois endroits en même temps. À cette question, certains ont répondu qu'il le pouvait puisque sa nature divine communiquait l'attribut divin de l'omniprésence à sa nature humaine. En réalité, si la nature divine peut communiquer des informations à la nature humaine, cela ne signifie pas pour autant qu'elle lui communique des attributs divins, car cela impliquerait la déification de la nature humaine.

Cette vérité sur la séparation des natures de Christ est très importante en ce qui concerne la croix. La nature humaine est morte, mais pas la nature divine. Certes, au moment de sa mort, la nature divine était unie au cadavre humain. L'unité était toujours là, mais le changement qui avait eu lieu n'avait concerné que la nature humaine, pas la nature divine. C'est un point très important à comprendre.

Le concile de Chalcédoine

Le concile de Chalcédoine s'est réuni en 451 apr. J.-C. pour traiter des hérésies du monophysisme et du nestorianisme. Certains érudits ont soutenu que dans toute l'histoire de l'Église, ce concile de Chalcédoine a été le concile terminal de la christologie, c'est-à-dire que l'Église n'a jamais été réellement en mesure d'aller plus loin au niveau de la compréhension de la personne de Christ que ce qui a été formulé lors de ce concile. Je partage cet avis. Il est possible, théoriquement, qu'un autre concile puisse être tenu au XXIe siècle, au XXIIe siècle ou au XXXe siècle, et nous donne un nouvel aperçu de la nature du Christ que nous ne connaissons pas aujourd'hui, mais je n'ai rien vu dans l'histoire de l'Église qui dépasserait ou améliorerait les limites établies pour notre réflexion lors du concile de Chalcédoine.

Le concile de Chalcédoine a donné naissance aux déclarations suivantes, connues sous le nom de symbole de Chalcédoine :

À la suite des saints pères, nous enseignons tous à l'humanité un seul et même Fils, notre Seigneur Jésus-Christ, parfait en sa divinité, parfait aussi en son humanité, vrai Dieu et en même temps vrai homme, composé d'une âme raisonnable et d'un corps, consubstantiel au Père par sa divinité, consubstantiel à nous par son humanité, en tout semblable à nous, excepté le péché ; engendré du Père avant tous les siècles quant à sa divinité ; quant à son humanité, né pour nous et pour notre salut, dans les derniers temps, de la vierge Marie, mère de Dieu ; il est un seul et même Christ Jésus, Fils unique et Seigneur, qu'on doit reconnaître en deux natures, sans confusion, ni transformation, ni division, ni séparation entre elles, sans que la distinction des deux natures soit en rien supprimée par leur union, mais au contraire les attributs de chaque nature étant sauvegardés et subsistant en une seule personne et une seule substance ; il n'est ni partagé ni divisé en deux personnes, mais un seul et même Fils, Fils unique et Dieu Verbe, le Seigneur Jésus-Christ, tel qu'il a été prédit jadis par les prophètes, tel que lui-même le Seigneur Jésus-Christ nous l'a enseigné sur lui-même et tel que le Symbole des Pères nous l'a fait connaître[1].

Ce symbole est remarquable pour plusieurs raisons. Tout d'abord, il affirme que Christ est vraiment Dieu et vraiment homme (*Vera Deus, vera homo*). Cette affirmation signifie que Jésus-Christ, dans l'unité de ses deux natures, est à la fois Dieu et homme. Il a à la fois une nature divine et une nature humaine.

Malheureusement, de nombreuses personnes, qui devraient se montrer plus avisées, disent que le concile de Chalcédoine a affirmé que Jésus était *pleinement* Dieu et *pleinement* homme. C'est une contradiction. Si nous disons que sa personne est complètement et totalement divine, alors il ne doit avoir qu'une seule nature. Nous ne pouvons avoir une personne qui est complètement divine *et* complètement humaine en même temps et dans la même relation. C'est une idée absurde.

En réalité, le concile de Chalcédoine a affirmé que Jésus a deux natures, dont l'une est divine. Sa nature divine est entièrement divine ; ce n'est pas seulement une nature semi-divine, elle est complètement divine. La nature divine de Christ possède tous les attributs de la déité, aucun ne lui fait défaut. En même

---

1. J. Kelly, *Initiation à la doctrine des Pères de l'Église*, Paris, Éditions du Cerf, 1968, p. 349-350.

temps, la nature humaine de Christ est pleinement humaine en termes d'humanité créée. La seule chose que nous avons et que la nature humaine de Jésus n'a pas, c'est le péché originel. Il est comme nous à tous égards, sauf en ce qui concerne le péché. Il est aussi humain qu'Adam l'était dans la création. Toutes les forces et les limites de l'humanité se trouvent dans la nature humaine de Jésus.

De plus, le concile de Chalcédoine est connu, peut-être surtout, pour les dénommés « quatre négatifs ». Quand le concile a reconnu qu'il y a une unité parfaite entre les natures divine et humaine de Christ, il a affirmé qu'elles sont unies de manière à être « sans confusion, sans changement, sans division et sans séparation ». Autrement dit, le concile a déclaré que nous ne pouvons pas mélanger les deux natures de Christ ; c'était l'hérésie des monophysites. Nous ne pouvons pas non plus les séparer ; c'était l'erreur des nestoriens. Non, les deux natures de Jésus sont parfaitement unies. Nous pouvons les distinguer, mais nous ne pouvons pas les mélanger ou les diviser. Nous ne pouvons concevoir les natures humaine et divine en lui comme étant confuses ou changées, car nous nous retrouverions avec une nature humaine déifiée ou une nature divine humanisée.

Comme vous pouvez le voir, nous devons marcher sur le fil du rasoir entre la confusion et la séparation si nous voulons acquérir une compréhension saine de la personne de Christ. Je crois que certains des plus grands esprits de l'histoire de l'Église, parmi lesquels se trouvent deux de mes théologiens préférés de tous les temps, étaient fondamentalement monophysites dans leur compréhension de Christ, ou du moins, leurs pensées comprenaient des éléments monophysites. Je parle de Thomas d'Aquin et de Martin Luther. J'ai des amis luthériens, et je les appelle toujours « mes amis monophysites ». Quant à eux, ils me désignent comme leur « ami nestorien », mais je leur réponds toujours : « Non, je ne sépare pas les deux natures, je les distingue. »

Enfin, le symbole de Chalcédoine affirme que la distinction des deux natures de Jésus n'est « nullement supprimée à cause de l'union, la propriété de l'une et l'autre nature étant bien plutôt sauvegardée, concourant à une seule personne et une seule hypostase ». Autrement dit, dans l'incarnation, Dieu n'abandonne aucun de ses attributs et l'humanité n'abandonne aucun des siens. Quand Jésus est venu sur terre, il n'a pas mis de côté sa nature divine. Il n'a pas non plus endossé une nature humaine qui serait autre que pleinement humaine. Au cœur de cette controverse, les hommes de Dieu qui se sont réunis à Chalcédoine ont affirmé ces choses, et nous devrions leur en être éternellement reconnaissants.

Il a été dit qu'il y a quatre siècles pendant lesquels la compréhension de la personne de Christ par l'Église a été la plus attaquée. Il s'agirait des IVe et Ve siècles, ainsi que des XIXe et XXe siècles. Si cela est vrai, nous vivons au lendemain de deux cents ans d'attaques dévastatrices contre la compréhension orthodoxe de l'Église en ce qui concerne la personne de Christ. C'est pour cela qu'il est si important qu'à notre époque, nous revisitions tout le concept de la Trinité.

Chapitre 4

Un en essence, trois en personne

L'épître aux Hébreux dans le Nouveau Testament commence par des paroles émouvantes au sujet du Seigneur Jésus-Christ et de son importance dans le déroulement de la révélation divine. Nous lisons ceci :

Après avoir autrefois, à plusieurs reprises et de plusieurs manières, parlé à nos pères par les prophètes, Dieu, dans ces derniers temps, nous a parlé par le Fils ; il l'a établi héritier de toutes choses ; par lui il a aussi créé l'univers. Le Fils est le reflet de sa gloire et l'empreinte de sa personne, et il soutient toutes choses par sa parole puissante. Il a fait la purification des péchés et s'est assis à la droite de la majesté divine dans les lieux célestes. Il est devenu d'autant supérieur aux anges qu'il a hérité d'un nom plus excellent que le leur (Hé 1.1-4).

La christologie que nous trouvons dans l'épître aux Hébreux est extrêmement élevée ; en réalité, c'est l'une des raisons principales pour lesquelles l'Église primitive a été encline à affirmer la déité de Christ. Nous voyons dans ce passage le Christ à nouveau décrit comme le Fils de Dieu et comme l'agent de la création, présentant ainsi une révélation largement supérieure à celle des prophètes de l'Ancien Testament.

Mais l'auteur présente aussi ce concept que le Fils de Dieu est « le reflet de sa gloire et l'empreinte de sa personne ». Il s'agit d'une référence claire à la déité, cependant l'auteur distingue aussi le Fils de Dieu du Père en termes d'individualité. La personne du Père est exprimée en la personne du Fils. Donc, même si le Père et le Fils sont divins, l'auteur de l'épître aux Hébreux expose ici l'idée d'une distinction personnelle au sein de la Divinité.

Le mot « personne »

L'utilisation du mot « personne » pour distinguer le Père, le Fils et l'Esprit Saint les uns des autres peut s'avérer problématique. L'Église primitive employait ce mot d'une manière quelque peu différente de l'utilisation que nous en faisons aujourd'hui. C'est un problème courant avec toutes les langues : elles sont dynamiques. Les nuances d'une langue peuvent évoluer d'une génération à l'autre. En anglais élisabéthain, par exemple, si vous appeliez une fille «*cute*» [*mignonne*], c'était considéré comme une insulte, parce que ce terme voulait dire «jambes arquées», alors qu'aujourd'hui, il a une connotation tout à fait différente.

Tertullien, le père de l'Église occidentale, qui avait une formation non seulement en théologie, mais en droit, a introduit le terme latin *persona* dans une tentative d'exprimer la christologie du *Logos* dès les premières années de l'ère ecclésiastique. Dans la langue latine, ce mot était principalement employé en relation avec deux concepts. Premièrement, il pouvait faire référence aux possessions ou au patrimoine d'une personne. Deuxièmement, il pouvait faire référence aux représentations théâtrales de l'époque. Les acteurs avaient parfois plusieurs rôles dans une pièce. Lorsqu'un acteur changeait de rôle au cours de la pièce, il mettait un masque différent et endossait le rôle d'un autre personnage.

À la fin des années 1950, il y a eu à Broadway une pièce à succès basée sur le livre biblique de Job. Elle était intitulée *J. B.* Basil Rathbone, célèbre pour avoir joué le rôle de Sherlock Holmes dans une série de films, a joué à la fois le rôle de Dieu et celui de Satan dans cette production de Broadway. J'ai eu la chance de m'asseoir au centre de la première rangée lors d'une représentation et d'observer Rathbone qui se tenait à un peu plus d'un mètre de moi. Pendant le spectacle, il avait deux masques. Quand il jouait le rôle de Dieu, il mettait l'un des masques, mais quand il jouait le rôle de Satan, il mettait l'autre.

Cette technique dramatique était un retour à l'utilisation de tels masques dans l'Antiquité. Le symbole commun de la scénographie est constitué de deux masques, l'un fronçant les sourcils et représentant la tragédie dramatique, et l'autre souriant et représentant la comédie. Ces masques étaient en fait couramment utilisés sur scène par les acteurs de l'Antiquité pour interpréter leurs rôles, comme l'a fait par la suite Rathbone dans la pièce *J. B.* Chaque rôle était une *persona* et collectivement, ils étaient des *personae*. Ainsi, l'Église primitive en est venue à considérer Dieu comme un être à trois *personae* : le Père, le Fils et le Saint-Esprit.

Le mot « essence »

Au fur et à mesure que l'Église développait sa compréhension de Dieu au cours de ses cinq premiers siècles d'existence, d'autres termes sont entrés en usage, dont « l'essence », « l'existence » et la « subsistance ». Pour comprendre la portée de ces concepts, nous devons revenir à la pensée grecque.

Le domaine des philosophes anciens était la métaphysique, une forme de physique qui va bien au-delà de ce que nous percevons dans ce monde. Les philosophes grecs étaient à la recherche d'une réalité ultime qui ne manifesterait pas de changement. Ils cherchaient l'essence des choses. Ils l'ont appelé *ousios*, terme qui représente le participe présent du verbe grec « être ». Nous traduisons *ousios* en français par le mot « être ». Le meilleur synonyme pour le concept grec d'être est sans doute le mot français « essence ».

Deux philosophes qui ont vécu avant Platon se sont affrontés sur la nature de la réalité. Parménide, qui était considéré comme le plus brillant des philosophes présocratiques, est célèbre pour sa déclaration : « Tout ce qui est, est. » Il voulait dire que pour qu'une chose soit réelle en définitive, elle doit être dans un état « d'être » ; elle doit avoir une essence réelle. Si ce n'est pas le cas, alors ce n'est qu'une invention de notre imagination.

L'homologue de Parménide était Héraclite. Certains l'appellent le père de l'existentialisme moderne. Il a dit : « Tout ce qui est, est en train de changer. » Il croyait que toutes les choses sont dans un état de flux. La seule chose qui est constante est le changement lui-même. Il a aussi dit : « On ne se baigne jamais deux fois dans le même fleuve. » Il voulait dire que si vous entrez dans un fleuve et que vous en sortez, au moment où vous y entrerez à nouveau, le fleuve aura changé. Ce n'est pas le même fleuve que celui dans lequel vous avez mis les pieds la première fois ; il a subi de nombreux et infimes changements. De fait, vous non plus ne serez la même personne ; vous aussi, vous aurez changé, ne serait-ce qu'en vieillissant de quelques secondes. Donc, Héraclite disait que ce qui est le plus fondamental à toute la réalité que nous percevons dans ce monde est que toute chose se trouve dans un processus de changement. Autrement dit, tout est en « devenir ».

Quand Platon est arrivé sur le devant de la scène, il a fait une distinction importante entre « être » et « devenir ». Il a affirmé que rien ne peut devenir quelque chose à moins qu'il ne participe d'une manière ou d'une autre à l'être. Si quelque chose était un pur devenir, ce ne serait que potentiellement quelque chose. Une chose qui n'est que potentielle ne serait rien. Platon disait que pour que le devenir soit significatif, il doit y avoir un être antérieur.

En discutant de la différence entre l'être et le devenir, Platon a parlé de la différence entre l'essence (qui est l'élément *d'être* d'une chose, sa substance) et l'existence (qui est l'élément en *devenir*).

Les mots « existence » et « subsistance »

Le mot « existence » est dérivé du préfixe *ex* qui signifie « hors de » et de la racine *sisto*, verbe grec qui signifie « se tenir ». Donc « exister » signifie littéralement « se tenir hors de quelque chose ». Ce terme décrit une position ou une posture. Je pense que l'idée sous-jacente est qu'une personne a un pied dans l'être et l'autre dans le non-être. Elle se tient donc hors de l'être, mais aussi hors du non-être. Elle se trouve entre l'être pur et le néant. Tout cela ramène au domaine du devenir ou de l'existence. Ainsi, quand l'Église a exposé la doctrine de la Trinité, elle n'a pas dit que Dieu est un en essence et trois en existences. Au lieu de cela, elle a dit que Dieu est trois en personne.

J'ai un jour donné une conférence dans laquelle j'ai publiquement nié l'existence de Dieu. J'ai déclaré : « Je veux affirmer avec insistance aujourd'hui que Dieu n'existe pas. En réalité, s'il existait, j'arrêterais de croire en lui. » Si quelque chose a déjà ressemblé à une déclaration absurde, c'était bien celle-là. Je voulais simplement dire que Dieu n'est pas dans un état de devenir. Il est dans un état d'être pur. S'il était dans un état d'existence, il changerait, du moins selon la façon dont ce terme est compris en philosophie. Il ne serait pas immuable. Il ne serait pas le Dieu auquel nous croyons.

Quand Platon traite de ces concepts, il parle essentiellement de trois catégories : l'être, le devenir et le non-être. Le non-être, bien sûr, est un synonyme de « rien ». Qu'est-ce que « rien » ? Poser cette question revient à y répondre. Si je dis que « rien » est quelque chose, j'attribue quelque chose au « rien ». Je dis que « rien » a un contenu, que « rien » a un être. Mais s'il a un être, alors ce n'est plus rien, c'est quelque chose. Comme vous pouvez le constater, l'un des concepts les plus difficiles à traiter en philosophie est celui du néant pur. Essayez de penser au néant pur ; vous n'y arriverez pas. La définition la plus proche du néant que j'ai pu entendre remonte au temps où mon fils était au collège. Quand il revenait de l'école et que je lui demandais : « Qu'avez-vous fait aujourd'hui ? » Il me répondait : « Rien. » J'ai donc commencé à penser que je pourrais définir « rien » comme étant ce que mon fils faisait tous les jours à l'école. Mais en réalité, il est impossible de ne rien faire. Si vous le faites, c'est que vous faites quelque chose.

Le mot « personne » est équivalent au mot « subsistance ». Dans ce mot, nous avons le préfixe *sub* associé à la même racine *sisto*. Donc, la subsistance signifie littéralement « se tenir sous ». Ainsi, ce mot exprime l'idée que, bien que Dieu soit unique en essence, il y a trois subsistances, trois personnes qui se tiennent sous l'essence. Elles font partie de l'essence. Toutes les trois ont l'essence de la déité.

Néanmoins, nous pouvons faire une distinction entre les trois personnes de la Trinité, parce que chaque membre de la divinité a des attributs uniques. Nous disons que le Père est Dieu, que le Fils est Dieu et que le Saint-Esprit est Dieu, mais nous ne disons pas que le Père est le Fils, que le Fils est le Saint-Esprit ou que le Saint-Esprit est le Père. Il y a des distinctions entre eux, mais ces distinctions ne sont pas essentielles ; elles n'émanent pas de l'essence. Elles sont réelles, mais elles ne perturbent pas l'essence de la déité. Les distinctions au sein de la divinité sont, si on veut, des sous-distinctions au sein de l'essence de Dieu. Il est une essence, et trois subsistances. C'est à peu près ce que nous pouvons exprimer de mieux pour formuler la doctrine historique de la Trinité.

Chapitre 5

Les objections à cette doctrine

Il est fort possible que l'objection la plus constante à la doctrine de la Trinité soit qu'elle est irrationnelle, car elle comporte une contradiction. Comme je l'ai fait remarquer dans le premier chapitre, appeler la Trinité une contradiction est une mauvaise application de la loi de non-contradiction. La doctrine de la Trinité enseigne que Dieu est un en essence et trois en personne, donc qu'il est un dans un sens et trois dans un autre sens, et cela ne viole pas les catégories de la pensée rationnelle ou la loi de non-contradiction. Néanmoins, les gens continuent d'accuser la Trinité d'irrationalité. Pourquoi continuent-ils de porter ce type d'accusation ?

Il y a ici trois idées distinctes que nous devons comprendre et différencier : le paradoxe, la contradiction et le mystère. Bien que ces concepts soient nettement différents, ils sont étroitement liés. C'est pour cette raison qu'ils sont souvent confondus.

Commençons par le concept de paradoxe. Le préfixe *para* signifie « à côté de ». Le mot racine ici vient du grec *dokeo* qui signifie « sembler, penser ou apparaître ». Un paradoxe est alors quelque chose qui semble contradictoire quand nous le voyons pour la première fois ; toutefois, avec un examen plus approfondi, la tension est levée. La Bible compte de nombreuses déclarations paradoxales. Nous voyons par exemple Jésus dire un jour : « Le plus grand parmi vous sera votre serviteur » (Mt 23.11). À première vue, cela semble contradictoire, mais en y regardant de plus près, nous voyons que Jésus veut dire que pour être grands, nous devons d'une certaine manière être d'abord un serviteur. Il n'y a donc ici aucune violation des règles de la logique.

La véritable tension se produit lorsque nous rencontrons des mystères et des contradictions. Nous utilisons le terme *mystère* pour désigner des choses que nous ne comprenons pas encore. Nous pouvons croire qu'un mystère est vrai, mais nous ne comprenons pas pourquoi il est vrai. Par exemple, nous savons qu'il existe une chose appelée la gravité, mais l'essence de la gravité reste un mystère pour nous. Même quelque chose d'aussi fondamental que le mouvement, que nous remarquons et utilisons pourtant tous les jours, défie toute analyse sérieuse. Quand nous l'examinons d'un point de vue philosophique, nous devons dire qu'il y a un élément de mystère dans le mouvement, et il en va de même pour beaucoup d'autres choses que nous expérimentons dans notre vie quotidienne.

Percer les mystères

Il arrive parfois qu'au fur et à mesure que nous obtenons de nouvelles informations, des choses qui nous paraissaient auparavant mystérieuses soient à présent éclaircies. Nous avons vu de réels progrès de la connaissance dans l'histoire des sciences et d'autres disciplines. Cependant, même si nous augmentons nos connaissances au maximum de ce que l'être humain peut appréhender, nous resterons toujours des créatures finies qui n'auront jamais la capacité de comprendre la réalité dans sa totalité.

Dieu nous révèle de nombreuses vérités sur lui-même qui dépassent de loin notre capacité à les comprendre. Compte tenu de la différence entre le caractère exalté de Dieu et notre statut d'êtres créés, cette difficulté ne devrait pas nous surprendre. Il se peut que nous parvenions à une meilleure compréhension de nombre de ces vérités à un moment ultérieur de l'histoire de la rédemption. Toutefois, même si c'est le cas, il est possible que nous ne comprenions jamais complètement certaines vérités.

Ainsi, une chose est un mystère pour nous si nous ne la comprenons pas ; c'est très différent d'une contradiction. Pour autant, personne ne comprend non plus ce qu'est une contradiction. C'est cette similarité entre ces deux concepts qui conduit à l'idée que la Trinité est une contradiction. Nous pouvons porter un jugement hâtif et dire : « Si nous ne comprenons pas une chose, c'est qu'elle doit être irrationnelle et contradictoire. » Mais ce n'est pas forcément le cas. Il est vrai que les contradictions ne peuvent être comprises parce qu'elles sont intrinsèquement inintelligibles, mais tout ce qui semble être une contradiction n'en est pas nécessairement une. Certaines contradictions apparentes sont des mystères.

Pendant mes années d'étude au séminaire, j'ai entendu un jour un professeur dire en fronçant les sourcils et sur un ton feutré : « Dieu est absolument immuable dans son essence et absolument changeant dans son essence. » Il y a eu un soupir collectif de la part des étudiants, comme s'ils pensaient tous : « Comme c'est profond ! » Pour ma part, j'avais envie de dire : « Non, ce sont des foutaises, c'est tout simplement farfelu. » Mais si vous avez suffisamment d'éducation et une position d'autorité dans le monde académique, vous pouvez faire de telles déclarations absurdes et les gens repartiront impressionnés par la profondeur apparente de vos propos. Toutefois, il est profondément absurde de dire que Dieu est absolument immuable et absolument changeant au même moment et dans la même relation. Même une personne possédant tous les diplômes du monde ne pourrait donner un sens à une telle déclaration. Cette affirmation est une véritable contradiction.

Dieu peut-il comprendre les contradictions ?

Certaines personnes disent que la différence entre Dieu et l'homme est qu'alors que nos esprits sont limités par les lois de la logique, celui de Dieu transcende ces lois, de sorte qu'il peut comprendre que A et non-A soient en même temps dans la même relation. Je suppose qu'elles croient exalter Dieu en disant qu'il est si merveilleux dans son intelligence et si transcendant dans sa sagesse qu'il est capable de comprendre les contradictions. En réalité, ceux qui affirment de telles choses le calomnient, parce qu'elles disent que l'absurdité et le chaos résident dans l'esprit de Dieu, ce qui n'est absolument pas le cas.

Il est vrai qu'il y a des choses que nous ne comprenons pas, des choses qui nous sont mystérieuses, que Dieu peut facilement comprendre de son point de vue et avec son omniscience. Pour Dieu, il n'y a pas de mystères. Il comprend la gravité, le mouvement, ainsi que la réalité et l'être ultimes. De la même manière, il n'y a pas de contradiction pour lui, puisque sa compréhension est parfaitement cohérente.

Le fait que Christ ait deux natures est certainement un mystère pour nous. Nous ne pouvons pas comprendre comment une personne peut avoir à la fois une nature divine et une nature humaine. Nous n'avons aucun point de référence pour cela dans notre expérience humaine. Chaque personne rencontrée au cours de notre existence n'a jamais eu qu'une seule nature. Lorsque nous affirmons la double nature de Christ, nous affirmons quelque chose qui lui est propre, qui diffère de l'expérience normale de l'humanité. Cette réalité est même difficile à décrire. Comme nous l'avons vu dans le chapitre précédent, le concile de Chalcédoine a déclaré que les natures divine et humaine de Christ sont « sans confusion, sans changement, sans division et sans séparation ». Cependant, ces affirmations ne font que proclamer de quelle manière les deux natures de Christ ne sont *pas* reliées. Nous ne pouvons pas vraiment dire comment ses deux natures fonctionnent ensemble.

De même, lorsque nous en arrivons à la doctrine de la Trinité, nous disons, sur la base de la révélation des Écritures, qu'il y a un sens dans lequel Dieu est un et un autre sens dans lequel il est trois. Nous devons prendre soin de souligner que ces deux sens ne sont pas les mêmes. S'ils étaient identiques, cela reviendrait à épouser une contradiction indigne de notre foi. Or, ils sont différents, ainsi la doctrine de la Trinité n'est pas une contradiction mais un mystère, car nous ne pouvons pas comprendre pleinement comment un seul Dieu peut exister en trois personnes.

L'utilisation du mot « Trinité »

Une autre objection fréquemment soulevée contre la doctrine de la Trinité est que la Bible, et en particulier le Nouveau Testament, n'utilise jamais le terme « Trinité ». Il s'agit d'un terme extrabiblique. On dit parfois qu'il s'agit d'un terme imposé au texte des Écritures et donc qu'il implique une intrusion étrangère au cadre biblique dans la pensée hébraïque des Écritures. On dit qu'il représente une invasion de catégories grecques abstraites dans le christianisme du Nouveau Testament. Nous entendons constamment ce genre de commentaires, comme si le Saint-Esprit ne pouvait pas utiliser la langue grecque comme moyen de communiquer la vérité, ce qui, nous le savons, n'est pas le cas, puisque la majeure partie du Nouveau Testament a été écrit dans la langue grecque. Ainsi, les théologiens et les philosophes ont parfois plus de problèmes avec le grec que Dieu n'en a.

La question que nous devons toutefois nous poser est la suivante : le concept représenté par le mot « Trinité » apparaît-il dans la Bible ? Tout ce que fait le mot « Trinité », c'est capturer linguistiquement l'enseignement scripturaire sur l'unité de Dieu et sur sa tri-personnalité. En voyant ces concepts dans les Écritures, nous cherchons un mot qui les communiquerait avec précision. Nous arrivons à cette idée de « tri-unité », trois dans l'unité, et donc nous inventons le terme « Trinité ». Il est vraiment naïf d'objecter que le mot lui-même ne se trouve pas dans les Écritures si le concept s'y trouve et y est enseigné.

Des termes théologiques comme la Trinité sont apparus dans l'histoire de l'Église principalement en raison de l'engagement de l'Église envers la précision théologique. Jean Calvin a fait remarquer dans son ouvrage *Institution de la religion chrétienne* que des mots tels que « Trinité » sont apparus à cause de ce qu'il a décrit comme étant les « serpents glissants » qui tentent de déformer l'enseignement des Écritures par l'hérésie.

L'astuce favorite de l'hérétique est ce que nous appelons l'ambiguïté étudiée – ce moyen de communication par lequel les concepts sont intentionnellement laissés ambigus. La précision théologique est nécessaire pour combattre ce genre de tactique.

La réforme protestante du XVIᵉ siècle a été un contraste entre l'ambiguïté étudiée et la précision théologique. La question fondamentale de la réforme concernait les fondements de notre justification. Notre justification est-elle fondée sur une justice qui réside en nous ou sur une justice qui nous est imputée ? Autrement dit, notre justice vient-elle de nous ou de Christ ? La controverse se résumait à un mot : « imputation ». Les réformateurs se sont opposés à l'enseignement catholique romain, affirmant que la seule façon pour une personne d'être justifiée est d'avoir la justice de Jésus-Christ imputée, ou transférée, à son compte.

Pour tenter de résoudre ce conflit, de nombreuses personnes ont suggéré que les deux parties devraient simplement dire : « Nous sommes justifiés par Christ. » Elles disaient que puisque les catholiques romains et les protestants étaient d'accord sur le fait que nous sommes justifiés par Christ, tout le monde pouvait se tenir la main, chanter des hymnes, prier ensemble et rester ensemble. La déclaration proposée était si ambiguë que ceux qui croient que nous sommes justifiés par l'infusion de la justice de Jésus et ceux qui croient que nous sommes justifiés par l'imputation de la justice de Jésus pouvaient l'accepter. Toutefois, ces deux conceptions de la justification sont aussi éloignées l'une de l'autre que l'orient l'est de l'occident. L'idée était que la controverse pouvait être évitée et que la division pouvait être apaisée en utilisant une formule intentionnellement ambiguë, une déclaration qui pouvait être interprétée de manières radicalement différentes. Cependant, les protestants ont insisté sur le terme « imputation », même au prix de la division.

Un schibboleth précieux

De la même manière, l'Église a utilisé le terme « Trinité » pour fermer la bouche des hérétiques, ceux qui enseignent le trithéisme (l'idée qu'il y a trois Dieux) et ceux qui nient la tri-personnalité de Dieu en insistant sur une certaine vision d'unitarisme. Nous pourrions dire que le mot « Trinité » est un schibboleth. Le livre des Juges raconte le conflit entre les hommes de Galaad, dirigés par Jephté, et les hommes d'Éphraïm. Pour identifier leurs ennemis, les soldats de Galaad avaient exigé des étrangers qu'ils disent « schibboleth ». Les Éphraïmites ne pouvaient prononcer ce mot et cette incapacité les a trahis (Jg 12.5,6). Ce mot de passe est devenu un terme pour désigner un mot qui permet de tester et de déterminer la véritable identité d'une personne.

Aux Pays-Bas, pendant la période de l'occupation allemande au cours de la Seconde Guerre mondiale, les gens ont également eu recours à un schibboleth. Il existe sur la côte néerlandaise une station balnéaire du nom de Scheveningen. Les Allemands ne parvenaient tout simplement pas à prononcer ce nom correctement. Ils pouvaient parler néerlandais et passer pour des Néerlandais dans la plupart des situations, mais si on leur demandait de prononcer le mot Scheveningen, ils bredouillaient. Ce terme est donc devenu un schibboleth qui permettait aux Néerlandais d'identifier les espions.

L'Église ne devrait pas hésiter à employer certains mots comme schibboleths pour obliger les gens à révéler leur position sur certains sujets. J. I. Packer a identifié un tel schibboleth :

«l'inerrance». Si vous voulez connaître la position d'une personne à l'égard des Écritures saintes, vous ne devez pas lui demander si elle croit en l'inspiration des Écritures. Vous devez lui demander : «Croyez-vous en l'inerrance de la Bible?» En effet, de nombreuses personnes s'étoufferont sur ce mot avant de pouvoir l'affirmer.

«Trinité» est un mot parfaitement adéquat, qui énonce avec précision ce que l'Église a cru et confessé tout au long de son histoire. Nous ne devrions pas hésiter à l'utiliser, ainsi que d'autres mots de ce genre, pour établir le standard de la vérité aussi précisément que possible.

À propos de l'auteur

R. C. Sproul fut le fondateur du ministère Ligonier, le pasteur fondateur de la Saint Andrew's Chapel à Sanford, en Floride, le premier président du Reformation Bible College, et le rédacteur en chef du magazine *Tabletalk*. Son émission de radio, *Renewing Your Mind*, est toujours diffusée quotidiennement sur des centaines de radios à travers le monde et peut également être écoutée en ligne. Il fut l'auteur de plus d'une centaine de livres, dont *La sainteté de Dieu* et *Choisis par Dieu*. Il est reconnu dans le monde entier pour avoir brillamment défendu l'inerrance des Écritures et la nécessité pour les croyants de s'attacher fermement à la Parole de Dieu.

Ligonier Ministries est un ministère d'enseignement foncé par le Dr R. C. Sproul. Il a pour but d'aider les chrétiens à connaître davantage leur foi, à mieux la comprendre, la vivre et la partager. Il diffuse des cours, des guides d'étude et du contenu multimédia sur leur site Web dans le but de proclamer, d'enseigner et de défendre la sainteté de Dieu.

Visitez notre site Web :

fr.Ligonier.org

facebook.com/LigonierFR

La Rochelle

Éditions La Rochelle est une maison d'édition qui vise la conversion des non-croyants, tout en cherchant à équiper les saints pour servir le Christ et son Église. Elle traduit et édite des ouvrages qui sont en accord avec les Écritures et les confessions réformées historiques, notamment la Confession de La Rochelle. À l'image des pionniers qui traversèrent l'océan pour apporter les vérités de la réforme protestante en Nouvelle-France, les Éditions La Rochelle veulent, à leur tour, contribuer à faire rayonner ces vérités dans toute la francophonie par la publication d'excellents ouvrages.

En partenariat avec :

Visitez notre site Web :

editionslarochelle.org

Publications Chrétiennes est une maison d'édition évangélique qui publie et diffuse des livres pour aider l'Église dans sa mission parmi les francophones. Ses livres encouragent la croissance spirituelle en Jésus-Christ, en présentant la Parole de Dieu dans toute sa richesse, ainsi qu'en démontrant la pertinence du message de l'Évangile pour notre culture contemporaine.

Nos livres sont publiés sous six différentes marques éditoriales qui nous permettent d'accomplir notre mission :

Nous tenons également un blogue qui offre des ressources gratuites dans le but d'encourager les chrétiens francophones du monde entier à approfondir leur relation avec Dieu et à rester centrés sur l'Évangile.

reveniralevangile.com

Procurez-vous nos livres en ligne ou dans la plupart des librairies chrétiennes.

pubchret.org | XL6.com | maisonbible.net | blfstore.com